Numerología

Una guía para principiantes sobre los misterios de la numerología

Lauren Lingard

Contenido

Introducción

Los números están por todas partes. Más allá de los números que podemos ver, como los que aparecen en los relojes y las pantallas de los teléfonos -o en la caja registradora cuando pagamos en la tienda-, hay números ocultos. Las matemáticas que están detrás de todo lo que existe física y químicamente. A través de las matemáticas y la geometría, los números cuentan la historia de todo lo que nos rodea. Los numerólogos creen que los números son el bloque de construcción más básico del universo, un sistema vasto y complejo. Hasta detrás del átomo, el electrón o el protón, hay números; números que, a través de sus frecuencias vibratorias únicas, informan de todos los aspectos de la creación, hasta de tu propia vida.

Un manto de misterio rodea el arte y la ciencia de la numerología, la antigua práctica de la adivinación por números. Si alguna vez te has preguntado "¿Qué es la numerología?" o "¿Qué significa el 11:11?" o; si te has encontrado atraído una y otra vez por ciertos números que reaparecen a lo largo de tu vida, la numerología puede ser para ti.

Este libro pretende ayudarte a ti, el principiante, a descifrar los misterios de la numerología, permitiéndote utilizar esta antigua sabiduría para comprender mejor y mejorar tu propio ser. Este libro tratará la historia de la numerología; cómo funciona la numerología y qué números querrás calcular; los significados de algunos de los números más importantes que encontrarás; e instrucciones paso a paso sobre cómo practicar la numerología básica por ti mismo.

El antiguo arte de la numerología promete ayudarte a encontrar tu verdadero propósito en la vida, a mejorar tus relaciones actuales y a crear nuevos y fuertes vínculos. También te ayudará a guiarte hacia las mejores decisiones que puedes tomar para ti en tu vida personal y profesional. Estos y muchos más beneficios de la numerología están disponibles para que los apliques a tu propia vida si estás dispuesto, y preparado, a indagar y descubrir lo que esta antigua ciencia tiene para ofrecerte.

Capítulo uno: ¿Qué es la numerología?

En pocas palabras, la numerología es un antiguo sistema de adivinación basado en los números. La numerología es para los números lo que la astrología es para las estrellas; al igual que los signos del Zodiaco, los números -los bloques de construcción más básicos del universo- nos influyen a todos profundamente desde el momento de nuestro nacimiento. Los numerólogos creen que entender cómo nos relacionamos con estos números y aprovechar su poder puede ayudarnos a mejorarnos a nosotros mismos y al mundo que nos rodea. Los numerólogos estudian la frecuencia vibratoria o la energía de los números para descifrar cuáles son sus significados más espirituales.

Los numerólogos utilizan las cartas de numerología de la misma manera que los astrólogos crean las cartas astrológicas o de nacimiento. Estas cartas contienen mucha sabiduría y conocimiento sobre un individuo calculado por el nombre completo de esa persona y su fecha de nacimiento. Una carta numerológica incluye múltiples números que se calculan de diferentes maneras para proporcionar diferentes tipos de orientación y respuestas.

En realidad, existen muchas creencias y prácticas numerológicas diferentes en todo el mundo, pero en este libro nos centraremos principalmente en una versión moderna de la numerología pitagórica. En el próximo capítulo exploraremos brevemente otras prácticas numerológicas alrededor del mundo: *La historia de la numerología.*

La numerología no es lo mismo que las matemáticas, aunque ambas están relacionadas. Las matemáticas involucradas en el cálculo de los números numerológicos son simples sumas y restas. No es necesario haber aprobado la clase de cálculo para entender y utilizar la numerología. Solo necesitas un conocimiento básico de cómo sumar números (o una calculadora). En las siguientes secciones, aprenderás cómo se realizan estos sencillos cálculos.

Tipos de numerología

Hay tres tipos principales de numerología, cada uno de los cuales se originó en una parte diferente del mundo, como exploraremos en el próximo capítulo. Ningún tipo de numerología es mejor que los demás y, de hecho, se pueden utilizar juntos en una lectura de numerología, aunque no se recomienda para los principiantes, ya que mezclar los diferentes sistemas puede resultar confuso.

Los tres tipos principales de numerología son la numerología de la Cábala, la numerología caldea y la numerología pitagórica.

La numerología de la Cábala tiene sus orígenes en el misticismo hebreo. Este sistema de numerología se basa en el número sagrado del 22, que es también el número de las cartas de los Arcanos Mayores en el Tarot. La numerología de la Cábala se centra mucho en las letras y, por tanto, se utiliza con mayor frecuencia para adivinar el significado de los nombres de nacimiento.

La numerología caldea se originó en la antigua Mesopotamia. Aquí también se originó la astrología, y la numerología caldea tiene estrechos vínculos con la astrología. En la numerología caldea, los números de un solo dígito, del 1 al 8, tienen vibraciones únicas, y cada letra del alfabeto se asigna a una. El número 9, sin embargo, se mantiene sagrado y separado en la numerología caldea.

La numerología pitagórica es el tipo más común de numerología que se ve en el mundo occidental hoy en día, y por lo tanto es el sistema de numerología en el que nos centraremos en este libro. A Pitágoras, el filósofo y matemático griego, se le atribuye la invención de este sistema numerológico en el siglo VI a.C. La numerología pitagórica, al igual que la numerología caldea, dice que cada número de un solo dígito tiene una frecuencia vibratoria única. Sin embargo, en la numerología pitagórica, se utilizan todos los números de un solo dígito del 1 al 9. La numerología pitagórica, como veremos en profundidad más adelante en este libro, también venera ciertos números de dos dígitos, incluyendo el 11, el 22 y el 33. En el próximo capítulo aprenderás más sobre la historia de la numerología pitagórica.

¿Cómo funciona la numerología?

En la numerología pitagórica, que es el tipo de numerología en el que nos centraremos en el resto de este libro, se dice que cada número del 1 al 9 tiene un significado cósmico innato que incluye rasgos de personalidad, tanto positivos como negativos. También se dice que cada letra del alfabeto corresponde a un número del 1 al 9:

1. A, J, S
2. B, K, T
3. C, L, U
4. D, M, V
5. E, N, W
6. F, O, X
7. G, P, Y
8. H, Q, Z
9. I, R

La práctica básica de la numerología consiste entonces en convertir cada letra individual que compone una palabra en su número correspondiente. Seguidamente, se suman esos números. Si la suma total es un número de dos dígitos o superior (pero no el 11, el 22 o el 33 -más adelante-), los dígitos individuales se suman de nuevo hasta que queda un número del 1 al 9.

Esto puede parecer complicado, pero en realidad es bastante sencillo. Veamos un par de ejemplos. Por ejemplo, el nombre Katherine:

K = 2, A = 1, T = 2, H = 8, E = 5, R = 9, I = 9, N = 5, E = 5

Por lo tanto:

K+A+T+H+E+R+I+N+E = 2+1+2+8+5+9+9+5+5 = 46 = 4+6 = 10 = 1+0 = 1

El número que corresponde finalmente al nombre de Katherine es el 1.

Sin embargo, para comprender plenamente lo que la numerología tiene que decir sobre ti como persona, tendrás que calcular los números de mucho más que tu nombre de pila. En futuros capítulos profundizaremos mucho más en los distintos números que puedes calcular para ti, y por qué deberías calcularlos.

Veamos otro ejemplo. Por ejemplo, una fecha. Digamos, el año 2020:

2 + 0 + 2 + 0 = 4

Así, el número que corresponde al 2020 es el 4.

Puedes ver que, en el fondo, los cálculos numerológicos son en realidad bastante sencillos y fáciles de entender. Son cálculos que puedes hacer tú mismo, si tienes paciencia. Aunque hay muchas calculadoras online, tanto gratuitas como de pago, que hacen el trabajo por ti.

Pero como descubrirás a lo largo de este libro, la numerología es mucho más que estos cálculos. Por un lado, el cálculo de su carta numerológica requiere saber cómo realizar múltiples cálculos sencillos como estos para obtener todos sus Números Centrales; veremos esto en profundidad más adelante en el libro. Lo más importante, y lo que requiere estudio y experiencia, es la interpretación de estos Números Núcleo en tu carta numerológica, aplicando los cálculos a tu vida y descifrando lo que significan en casos específicos para que puedas cosechar los beneficios del conocimiento numerológico.

Números Núcleo

En la numerología pitagórica, o occidental, una carta numerológica completa comprende múltiples números que se obtienen mediante cálculos como los de los ejemplos anteriores. Más adelante en el libro profundizaremos en estos cálculos para que puedas hacer tu propia carta numerológica.

Hay muchos números potenciales para calcular en numerología, pero se considera que cinco de estos números constituyen los bloques de construcción más importantes del ser. Los numerólogos llaman a estos números Números Núcleo. Los cinco números centrales en la numerología occidental son:

- El Número de la Trayectoria Vital
- El Número de Destino (a veces llamado el Número de la Expresión)

- El Número del Impulso del Alma (a veces llamado Número del Alma o Número del Deseo del Corazón)
- El Número de la Personalidad
- El Número del Día de Nacimiento

Este libro dedica un capítulo a explorar en detalle cada uno de estos Números Centrales. Sin embargo, primero miraremos hacia atrás en la historia de la numerología y estudiaremos lo que cada dígito individual significa independientemente de su lugar en tu carta numerológica.

Capítulo dos: La historia de la numerología

La numerología existe desde que el ser humano reconoce y utiliza los números. Las prácticas numerológicas, si tomamos una definición amplia del término, tienen una importancia cultural y/o religiosa en muchas partes del mundo. Por ejemplo, el texto sagrado chino, el I Ching, asigna valores espirituales a los números y, por tanto, puede decirse que incluye conceptos numerológicos. Se han registrado antiguas creencias y prácticas numerológicas en China, Japón, India, Europa, Oriente Medio y otros lugares. Los significados sagrados de los números parecen, pues, intrínsecos a la cultura humana, habiendo surgido de forma constante en todo el mundo, a menudo de forma independiente.

Como aprendiste en el capítulo anterior, los tres tipos principales de numerología se originaron en diferentes partes del mundo; sin embargo, sus historias están conectadas. Aunque Pitágoras sea el padre de la numerología occidental, sus ideas estuvieron muy influenciadas por su estudio de la numerología caldea. Por lo tanto, es con la numerología caldea que comenzamos nuestro estudio histórico.

Los antiguos babilonios

Mesopotamia, conocida como la cuna de la civilización, es la cuna de muchos conocimientos antiguos, como las matemáticas, la astronomía, la astrología y la numerología. Fueron los antiguos sumerios, ya en el 3200 a.C., quienes desarrollaron por primera vez el sistema numérico en el que se basaron posteriormente las matemáticas y la numerología mesopotámicas.

El nombre de numerología caldea proviene del pueblo caldeo, que creía que su ascendencia no era del todo humana, sino divina. Este pueblo se apoderó de la antigua ciudad de Babilonia que más tarde se convirtió en el Imperio Babilónico, que finalmente fue conocido como el Imperio Caldeo antes de su caída ante Persia. Sin embargo, la numerología caldea es anterior al dominio caldeo de Mesopotamia; el nombre es un poco equívoco.

Para los antiguos mesopotámicos, los números del 1 al 8 tenían un significado sagrado, siendo el 9 el más sagrado de todos. Se creía que los números de dos dígitos representaban la vida interior de una persona, mientras que los de un solo dígito representaban lo que una persona era exteriormente. En la numerología caldea se creía que el nombre de una persona y su fecha de nacimiento debían estar siempre en armonía, y como las fechas de nacimiento no pueden cambiarse, se daba mucha importancia a la elección del nombre correcto para una persona al nacer.

Cuando Alejandro Magno conquistó Mesopotamia, llevó consigo a Egipto un considerable conocimiento del avanzado pueblo caldeo. Fue aquí donde Pitágoras conoció la numerología caldea, que estudió durante muchos años y acabó adaptando a su propio sistema, el sistema de numerología que utilizamos hoy en día en el mundo occidental.

Pitágoras

Pitágoras fue un venerado matemático y filósofo de la antigua Grecia cuyo nombre sigue siendo conocido en todo el mundo. Se le conoce sobre todo por su enorme contribución al estudio de la geometría, lo que aún hoy se conoce como el teorema de Pitágoras, que calcula la hipotenusa de un triángulo rectángulo. Por ello, Pitágoras es conocido como el padre de la geometría, pero también es conocido como el padre de la numerología moderna.

Pitágoras no solo estudió numerología y matemáticas caldeas durante 22 años en Egipto, sino que se dice que fue capturado y llevado a Babilonia. Mientras estaba cautivo en Babilonia, Pitágoras estudió con un sacerdote zoroastriano y aprendió sobre la armonía innata del universo. Fue entonces cuando Pitágoras descubrió la relación entre la música y los números, lo que le ayudó a realizar sus avances en el desarrollo de su propio sistema numerológico basado en el caldeo.

Se dice que Pitágoras afirmó de forma célebre que el mundo está construido sobre el poder de los números. Creía que todos los fenómenos del universo podían expresarse en forma de números, y que éstos correspondían a vibraciones universales. Pitágoras descubrió que emparejando cada letra del alfabeto con su correspondiente número de un solo dígito, podía calcular lo que él y otros filósofos griegos creían que era el verdadero significado adivinatorio de cualquier palabra escrita. Esto incluía especialmente los nombres y los cumpleaños.

Desgraciadamente, las enseñanzas de Pitágoras no se escribieron, y la única forma que conocemos de lo que enseñó Pitágoras es a través de los escritos de sus alumnos.

La Edad Media y el resurgimiento

La numerología cayó en desgracia, junto con la astrología y otras prácticas ocultas recién etiquetadas, a medida que la Iglesia ascendía al poder. Tras el Primer Concilio de Nicea, en el año

325, la iglesia cristiana prohibió rotundamente la numerología en todo el Imperio Romano como una violación civil a practicar.

A lo largo de la edad oscura, la numerología y otras artes ocultas fueron ocultadas y reprimidas; aunque también cabe destacar que algunas prácticas medievales involucraban números sagrados de la Biblia. Se dice que los números 3 y 7 son especialmente significativos en el mito cristiano, y el 666 se considera la marca de la bestia.

No fue hasta finales del siglo XIX y principios del XX cuando la numerología, tal y como la conocemos hoy, se hizo popular. El responsable de ello fue, en parte, el conde Louis Hamon de Inglaterra, también conocido por su nombre artístico o seudónimo Cheiro. Cheiro era un adivino que atendía a los ricos y famosos de Londres.

Sin embargo, es a la señora L. Dow Balliett a quien se le atribuye el mérito de haber unido por primera vez las teorías de Pitágoras con las influencias numerológicas cristianas para crear los inicios del sistema numerológico occidental que conocemos hoy en día. Balliett lo hizo a principios del siglo XX, y su alumna Juno Jordan continuó su trabajo, llegando a publicar un libro titulado "The Romance in Your Name" en 1965. El movimiento new age de los años 70, y en adelante, ayudó a impulsar la popularidad de la obra de Jordan. Este libro expuso por primera vez muchos de los cálculos numerológicos que todavía se utilizan hoy en día. Desde entonces, otros autores han retomado el tema y lo han ampliado, pero Balliet y Jordan fueron realmente los primeros numerólogos modernos.

Capítulo tres: Números de una sola cifra

En la numerología pitagórica u occidental, como has aprendido antes en este libro, cada número del 1 al 9 tiene su propia energía divina y corresponde a un conjunto específico de características, tanto positivas como negativas, casi como si cada número tuviera su propia personalidad. En este capítulo, veremos, en profundidad, los significados que hay detrás de cada uno de estos profundos números cósmicos y descifraremos sus poderes ocultos.

En capítulos posteriores, veremos cómo puedes aplicar estas personalidades numéricas a tu vida, utilizando varios cálculos numerológicos para encontrar números específicos en tu carta numerológica; la combinación de los cuales es única para ti y tu vida. Comprender lo que representa cada uno de estos números sienta las bases para descifrar su significado completo, complejo y relacional en su carta numerológica.

Número 0

El número 0 no aparecerá en los Números Núcleo de tu carta numerológica, pero no obstante es un número importante para conocer en numerología. El 0 representa el infinito y energéticamente incluye todas las cosas, así como todo el potencial posible. Por lo tanto, el número 0 significa posibilidad.

Número 1

El número 1 en numerología (el primer número) representa nuevos comienzos, oportunidades e impulso. Al igual que Aries es el primer signo del zodiaco, el número 1, en numerología, tiene que ver con el avance, como los cuernos del carnero. Espiritualmente, el número 1 representa el nacimiento mismo del universo divino.

Los tipos de personalidad del número 1 son increíblemente independientes con un fuerte impulso de proteger a los demás. Están orientados a los objetivos y son innovadores. Sin embargo, los rasgos negativos del número 1 son que pueden ser enérgicos, arriesgados y dudosos. Estos individuos necesitan aprender a trabajar con otros sin perder su individualidad. Los números 1 corren el riesgo de ensimismarse y de dar prioridad a sus propias necesidades sobre las de los demás. Estas personas harían bien en recordar que ningún hombre es una isla, y que los amigos y la familia están para ayudar.

Número 2

El número 2 en numerología representa la asociación y la armonía. Se considera un número muy femenino vinculado a la intuición y a la capacidad psíquica. El número 2 actúa como mediador y pacificador, aportando equilibrio.

Los tipos de personalidad del número 2 son seguidores más que líderes. Son tan buenos pacificadores que los números 2 son compatibles con todos los demás números; este tipo de personalidad es un excelente compañero, esposo o esposa. Son sumamente intuitivos, unificadores e influyentes; pero en su lado más oscuro, también son indecisos, excesivamente sensibles y poco asertivos. Los números 2 deben tener cuidado de no volverse demasiado tímidos.

Número 3

El número 3 en numerología representa la expresión creativa y la comunicación. Es un número que baila por la vida; una mariposa social, y un alma muy creativa y artística. El número 3 representa espiritualmente la contribución de dos fuerzas unidas, lo que lo convierte en la definición misma de la creación.

Los tipos de personalidad con el número 3 se caracterizan por la alegría de estar vivos. Su trabajo inspira a todos los que tocan. Estos individuos son comunicativos, encantadores y artísticos, pero también pueden ser ingenuos, desenfocados y superficiales. Los números 3 deben tener cuidado de no ser superficiales y pueden ser conocidos por su mal humor.

Número 4

El número 4 en numerología representa la estabilidad y la fiabilidad. Al igual que la tierra bajo tus pies, el número 4 es fuerte, seguro y verdadero; un número con el que siempre puedes contar.

Los tipos de personalidad con el número 4 son los constructores del mundo, porque parten de una base fuerte y fiable. Estos individuos pueden realizar el trabajo que tienen entre manos y hacerlo bien siempre. Son prácticos, leales y están orientados al servicio, pero también pueden ser aburridos, rígidos e incluso dogmáticos. Los del número 4 deben tener cuidado de no distanciarse demasiado de los demás.

Número 5

El número 5 en numerología representa la libertad y la aventura. Un profesional del cambio, el 5 es altamente adaptable y capaz de ir con la corriente. El número 5 nunca se estanca y prefiere pasar a la siguiente gran cosa. Una buena manera de conceptualizar el número 5 es pensar en los 5 sentidos.

A los tipos de personalidad número 5 les encanta viajar y conocer gente nueva; son muy conscientes de la diversidad de la vida, lo que les hace no tener prejuicios hacia otros que son diferentes a ellos. Los tipos de número 5 son curiosos, adaptables y sociables, pero también pueden ser poco fiables, sin dirección y sin compromiso. Estos individuos deben tener cuidado de no ser demasiado indulgentes con ellos mismos.

Número 6

El número 6 en numerología representa el amor incondicional, simbolizando el corazón. El amor del número 6 es una poderosa fuerza de curación y nutrición. Este número tiene un espíritu suave, tierno y cariñoso.

Los tipos de personalidad del número 6 son aquellos a los que todos acudimos cuando necesitamos apoyo y ayuda. Estos individuos sirven a los demás con alegría y desinterés. Son sumamente solidarios, protectores y románticos; pero en el lado más oscuro, también pueden ser pasivos, abnegados e idealistas, y deben tener cuidado de no permitirse adoptar rasgos tiránicos si su "maternidad" va unos pasos más allá.

Número 7

El número 7 representa la profundización. Es un número espiritualmente muy especial, ya que se alinea con los siete planetas, los siete días de la semana y las siete notas de la escala musical. El 7 es un número muy sabio y espiritual, pero dirige con la cabeza, no con el corazón.

Los tipos de personalidad del número 7 son espirituales, curiosos y analíticos, pero, por otro lado, también pueden ser reclusos, reservados y desconfiados. Estos individuos tienen la capacidad de indagar en los profundos misterios del universo y descubrir las verdades espirituales ocultas. Sin embargo, los números 7 deben tener cuidado y evitar aislarse demasiado de los demás y de sus propios mundos. Los números 7 también pueden ser perfeccionistas, lo que les perjudica.

Número 8

El número 8 representa los logros, la riqueza material y el éxito, hasta el punto de que algunos seguidores de la numerología incluso han cambiado sus nombres para conseguir más números 8 en sus cartas numerológicas.

Los tipos de personalidad del número 8 son las personas prácticas del mundo. Son ambiciosos, generosos y decididos, pero también pueden tener los rasgos negativos de ser materialistas, autoritarios y con derechos. El número 8 es el número asociado a las grandes organizaciones y corporaciones, y como tal, estos individuos harían bien en evitar ser exigentes. Los números 8 deben esforzarse por utilizar sus poderes para el bien y recordar que deben trabajar por el bien de los demás en lugar de concentrarse en acumular riqueza para sí mismos.

Número 9

El número 9 tiene la energía de la finalización; en contraste con su homólogo el número 1, el principio, el número 9 representa el final. Pero no es un final definitivo lo que representa el 9, ¡sino el final de un viaje y las posibilidades del siguiente! El número 9 es un alma vieja, que ha pasado por todo.

Los tipos de personalidad número 9 son los humanitarios entre nosotros. Son despiertos, talentosos y solidarios, pero también pueden ser resentidos, abnegados y autocompasivos. Los tipos de personalidad número 9 deben tener cuidado de no volverse egocéntricos y hacer un esfuerzo por enraizarse y anclarse.

Capítulo cuatro: Números maestros

Ya has aprendido que, en numerología, la mayoría de los números se suman como dígitos individuales hasta llegar a un solo dígito, descomponiendo los números en sus formas más esenciales, llamadas números raíz. ¿Pero qué pasa con esos pocos números especiales de varios dígitos que no se descomponen en cifras individuales? Son números supremamente poderosos y divinos a cuyo significado debemos prestar mucha atención. Estos números especiales, que los numerólogos no descomponen, se llaman Números Maestros.

Los Números Maestros son el 11, el 22 y el 33. Cada vez que calcules una carta numerológica, debes detenerte si tus dígitos suman uno de estos tres Números Maestros; no los descompongas hasta sus raíces. Por ejemplo, no se suman 2 y 2, sino que se leen como 22, mientras que 44 se lee como 4+4 = 8.

Los Números Maestros 11, 22 y 33 vibran en una frecuencia más alta que otros números y juntos forman lo que los numerólogos llaman el Triángulo de la Iluminación. Así, el 44, aunque es un número poderoso, no es un Número Maestro, porque el 4 no forma parte del triángulo. No es la duplicación de los números lo que hace un Número Maestro, sino el número duplicado específico en sí mismo, 1, 2 o 3.

Juntos, estos números pueden concebirse como las etapas de un gran proyecto espiritual: el 11 significa visualizar, el 22 significa utilizar medios prácticos para construir esa visión y el 33 significa compartir esa visión con el mundo.

Así pues, los Números Maestros conllevan un potencial "maestro", pero este poder tiene un precio: Si ves Números Maestros en tu carta, es probable que sufras muchos reveses e injusticias en la vida en tu camino hacia esta maestría. Aprovechar las energías positivas y el poderoso potencial de estos números puede ser un reto porque estos tipos de personalidad pueden ser difíciles de manejar. Las trayectorias vitales de los maestros visionarios, los maestros constructores y los maestros maestros no son fáciles de seguir, pero los beneficios merecen la pena, ya que el proceso creativo establecido por los Números Maestros conduce a resultados transformadores.

En este capítulo, analizaremos en profundidad cada uno de los Números Maestros para descubrir la sabiduría que el Triángulo de la Iluminación tiene para enseñarnos. En los dos próximos capítulos trataremos los Números de Poder y los Números Ángeles, que son otros tipos de números de varios dígitos.

Número Maestro 11

El número 11 es el primer Número Maestro y el número que representa a los soñadores y visionarios. Se dice que el número 11 representa una versión más fuerte de su número raíz, que es el 2. (Es decir, si se siguieran sumando los dígitos individuales, se obtendría el 2: 1+1 = 2) Como tal, el número 11 vibra con una energía profundamente intuitiva y psíquica y tiene una inmensa capacidad de curación y nutrición.

Pero el número 11 también incluye el doble del número 1, por lo que connota una versión intensificada de la energía del número 1, que es masculina y está orientada a la acción. Así que, dentro del Número Maestro 11, está tanto la energía femenina como la masculina por excelencia; en la mente de Pitágoras, es la fusión del rey y la reina de los dioses griegos, Zeus y Hera.

Este es quizás el más psíquico de todos los números estudiados en numerología. El Número Maestro 11 representa realmente el potencial humano para superar lo mundano y alcanzar la completa iluminación espiritual. También representa la dualidad del hombre y la divinidad; de la oscuridad y la luz; la ignorancia y la iluminación. Como tal, el número 11 camina por una delgada línea entre la autodestrucción y la grandeza visionaria.

Los tipos de personalidad del número 11 son extremadamente intuitivos e inventivos, pero también están imbuidos de carisma y liderazgo. Tienen un profundo destino para revelar algo significativo al mundo como mensajero o revelador divino. Pero los Número 11 deben tener cuidado de no cultivar el miedo y acumular fobias, como suele ocurrir cuando sus energías se vuelven hacia el interior en lugar de centrarse en el bien mayor del mundo.

Número Maestro 22

El Número Maestro 22 es un número muy poderoso que representa el idealismo práctico y el progreso de la humanidad en su conjunto. El número 22 tiene que ver con el crecimiento y la expansión, trabajando por el bien de muchos y no de unos pocos.

Se dice que este número maestro es una versión más fuerte de su número raíz, que es el 4 (2+2 = 4). Como tal, el número 22 toma la energía estable, terrenal y práctica del 4 y la amplifica. Pero el número 22 también representa una versión amplificada de la frecuencia vibratoria del número 2, que tiene que ver con la intuición y la crianza. Puedes ver entonces por qué el Número Maestro 22 se llama el Maestro Constructor: Tiene la capacidad de tomar los sueños del número 2 y llevarlos a la realidad con su fuerte energía del número 4.

Los tipos de personalidad del Maestro Número 22 tienen el destino divino de ser los constructores de este mundo, pero si los números 22 rehúyen de su ambición y responsabilidad, corren el riesgo de desperdiciar su potencial y convertirse en autocríticos destructivos.

Número Maestro 33

El Número Maestro 33 a veces se omite dependiendo de las fuentes que se utilicen para estudiar la numerología. A veces solo el 11 y el 22 se consideran Números Maestros, pero en aras de la exhaustividad, estudiaremos también el número 33.

Este Número Maestro es supremamente raro que aparezca en los números centrales de una carta numerológica. Esto se debe a que la única manera de obtener un número 33 como número de destino es tener un nombre, un segundo nombre y un apellido que sumen 11 cuando se suman sus dígitos individuales. Tener un número 33 como Número del Camino de Vida también es muy raro, ya que requiere que las tres partes de su fecha de nacimiento sean 11 o que el año, al menos, sume 22. Solo hubo 7 años en el siglo XX que suman el Número Maestro 22, así que puedes ver que por las matemáticas, el Número Maestro 33 es realmente raro.

El Número Maestro 33 combina los números 11 y 22, llevándolos más allá de su pleno potencial. Como tal, es el más evolucionado espiritualmente de todos los números; el punto superior del Triángulo de la Iluminación.

Al número maestro 33 se le denomina Maestro. Este tipo de personalidad carece de ambición propia, y en cambio lo da todo para elevar espiritualmente a la humanidad. Este número tiene el destino divino de compartir su iluminación con el mundo.

Capítulo cinco: Números de Poder

Los Números de Poder son todos los números de dos cifras que no son el 11, el 22 o el 33, es decir, sus dígitos individuales no aparecen en el Triángulo de la Iluminación. Los Números de Poder como el 44, el 55, etc., no son Números Maestros, pero como su nombre indica, son realmente números poderosos.

La presencia de dígitos duplicados intensifica la influencia de estos números y hace que los atributos energéticos de cada uno se amplifiquen. Pero hay otra capa en estos números, que es el Número Raíz de un solo dígito al que se suman. Este Número Raíz influye en la frecuencia vibratoria del Número de Potencia; de modo que 88, por ejemplo, no solo connota la doble energía de los 8, sino también la energía del 7 al que finalmente se suma. (8+8 = 16 = 1+6 = 7)

Estos Números de Poder no deberían aparecer en tus Números Núcleo dentro de tu carta numerológica. Si calculas un Número de Poder para uno de tus Números Núcleo, simplemente debes sumar los dos dígitos para descomponerlo en su Número Raíz. (Por ejemplo, 55 = 5+5 = 10 = 1+0 = 1)

Pero los numerólogos profesionales tienen en cuenta estos Números de Poder cuando crean su carta numerológica. Por ejemplo, si tu Número de Camino de Vida es un 8 sumado a partir de 44, esto crea una energía ligeramente diferente a la de un 8 sumado a partir de 35. Estas prácticas avanzadas de numerología no se tratarán en profundidad en este libro, pero aquí se ofrece una descripción de lo que representa cada Número de Poder:

Número de Poder 44

(44 = 4+4 = 8)

El Número de Poder 44 representa la energía duplicada del número 4, que es extremadamente fiable, organizado y práctico. Esto crea una excelente base para un próspero número 8, que tiene que ver con el éxito y la prosperidad. El Número de Poder 44 es, por lo tanto, un número realmente ambicioso y puede lograr mucho, con un enorme potencial de éxito en los negocios.

Número de Poder 55

(55 = 5+5 = 10 = 1+0 = 1)

El Número de Poder 55 es un disruptor en el sentido más amplio del término. El doble 5 representa una gran cantidad de libertad y aventura. Mientras tanto, el 1 al que se suman tiene que ver con el liderazgo y los nuevos comienzos. ¡Esto hace que el Número de Poder 55 tenga una ambición y un empuje extremos y sea un líder que abre nuevos y emocionantes caminos!

Número de Poder 66

(66 = 6+6 = 12 = 1+2 = 3)

Este Número de Poder es el más comunicativo de todos los números y representa la mayor altura del esfuerzo artístico humano. El 3 aporta aquí creatividad y alegría al sentido de responsabilidad y servicio del doble 6. El Número de Poder 66 tiene entonces potencial para ser una fuerza enormemente inspiradora.

Número de Poder 77

(77 = 7+7 = 14 = 1+4 = 5)

El Número de Poder 77 representa la interesante combinación del serio, introspectivo y espiritual 7 con la naturaleza aventurera del 5. ¡El Número de Poder 77 es un pensador fuera de lo común con el potencial de alcanzar el pináculo del pensamiento espiritual humano!

El Número de Poder 77 también involucra en su cálculo de raíz al Número de Lección Kármica 14, del que aprenderás en el próximo capítulo.

Número de Poder 88

(88 = 8+8 = 16 = 1+6 = 7)

El Número de Poder 88 es un número de gran potencial espiritual. La doble energía de los 8's hace un poder visionario que se transforma en el más espiritual de los números de un solo dígito: el 7. Al igual que el Número de Poder 77, el Número de Poder 88 conlleva el potencial de alcanzar el pináculo del espiritualismo.

El Número de Poder 88 también implica en su cálculo de raíz la "Lección Kármica Número 16", que conocerás en el próximo capítulo.

Número de Poder 99

(99 = 9+9 = 18 = 1+8 = 9)

El último Número de Poder, el 99, representa lo más humanitario. Este Número de Poder no solo resuena con el poder del doble 9, sino que los números suman en raíz al 9 también. Así que aquí tenemos 3 números 9, un número muy mágico. El Número de Poder 99 tiene el potencial de hacer del mundo un lugar verdaderamente mejor.

Capítulo seis: Números de la lección kármica

Los Números de Lección Kármica, también llamados Números de Deuda Kármica o simplemente Números Kármicos, se basan en la antigua creencia de la reencarnación. En numerología, se dice que pasamos por muchas iteraciones de la vida, y durante estas vidas podemos adquirir karma o deuda kármica.

Cuando un número de lección kármica aparece en un cálculo de tu carta numerológica, esto indica un área débil de ti mismo y algo en lo que deberías trabajar para mejorar. Es una lección que estás aquí para aprender en esta vida, basada en el karma de tu pasado psíquico.

Al igual que los Números de Poder, los Números de Lección Kármica no deberían aparecer en sus Números Centrales dentro de su carta numerológica. Si calculas un Número de Lección Kármica para uno de tus Números Núcleo, simplemente debes sumar los dos dígitos para descomponerlo en su Número Raíz. Pero toma nota de cualquier Número de Lección Kármica que aparezca en tus cálculos. Estos Números de Deuda Kármica influyen en sus Números Núcleo en las prácticas avanzadas de numerología.

Número de Lección Kármica 13

El Número de la Lección Kármica 13 representa muchos obstáculos en el camino del trabajo duro de uno. Este Número de Lección Kármica tiene que ver con la carga y el deseo que uno puede tener de rendirse y abandonar cuando las cosas se ponen difíciles. La Lección Kármica Número 13 se dice a sí misma que sus objetivos eran imposibles en primer lugar y que nunca podrían ser alcanzados.

Para superar esta deuda kármica, el 13 debe ser consciente de no volverse perezoso ni tener una mentalidad demasiado negativa. La solución es enfocar la energía del Número Kármico 13 hacia una sola meta y seguir con ella sin importar lo que se presente.

Con el Número de Lección Kármica 13 existe la tentación de tomar atajos para aligerar la carga que lleva este número, pero esto es desaconsejable. En su lugar, si el número 13 aparece en tus cálculos de Números Núcleo, ten cuidado de mantenerte centrado y organizado en tu vida y especialmente en tu trabajo. ¡El éxito no está fuera de tu alcance!

Número de Lección Kármica 14

El Número 14 de la Lección Kármica representa una corriente constante de cambio, tanto que una persona con este Número de la Deuda Kármica se verá obligada a adaptarse una y otra vez a circunstancias imprevistas.

Para superar esta deuda kármica, el 14 debe centrarse en la moderación y la modestia. Existe una grave posibilidad de caer en el abuso de sustancias y en el hedonismo si no se trabaja y se mejora la lección kármica del 14. También es importante que el 14 mantenga cierto sentido del orden durante los altibajos característicos a los que debe adaptarse y mantenerse centrado en sus verdaderos sueños a pesar de los obstáculos que pueda encontrar.

Número de Lección Kármica 16

El Número 16 de la Lección Kármica representa la muerte del propio ego. Se trata de la destrucción de lo viejo y el renacimiento como algo nuevo. La pérdida del ego es a menudo un proceso doloroso y difícil porque durante la vida, la mayoría de nosotros pasamos el tiempo construyendo e inflando nuestros egos como mecanismos de supervivencia. Por muy difícil que sea, al otro lado de la Lección Kármica Número 16 se encuentra el renacimiento espiritual.

La humildad que resulta de la destrucción del ego trae consigo el potencial de un renacimiento poderoso y bueno. Sin embargo, el 16 corre el peligro de utilizar su intuición e intelecto para juzgar a los demás y, por tanto, volver a caer en el egoísmo.

Número de Lección Kármica 19

El Número de Lección Kármica 19 nos enseña que ningún hombre o mujer es una isla; no podemos ir solos todo el tiempo. Este número de la lección kármica se refiere a la independencia, pero esa independencia puede llevarse fácilmente demasiado lejos. A menudo esta independencia es por elección, ya que el número 19 no quiere escuchar ni trabajar con otros.

El número 19 necesita inclinarse hacia la interconectividad y la interdependencia para curarse de esta deuda kármica. Al hacerlo, existe un gran potencial de amor, amistad y apoyo.

Capítulo siete: Números Ángeles

Los Números Ángeles son similares a los Números Maestros, pero con una gran diferencia: No aparecen en su carta numerológica. Cuando se calcula una carta de numerología, siempre se desglosan los Números Ángeles sumando sus dígitos individuales.

En cambio, la magia de los Números Ángeles está fuera de tu carta numerológica, en tu vida cotidiana. Estos son los números de tres, cuatro o más dígitos que se repiten y que parecen seguirte a todas partes: 11:11 en el reloj, $11.11 en la caja, y así sucesivamente. Se cree que los Números Ángeles son una guía divina y una señal de que estás en el camino correcto. Se dice que los Números Ángeles son la forma en que los ángeles se comunican con nosotros.

En general, cuando ves que los Números Ángeles se repiten en tu vida, es una señal de que alguien te está observando y alentando. Cada Número Ángel también tiene su propio significado específico. A continuación repasaremos algunos de los números ángeles más comunes.

Número Ángel 111

Este Número Ángel 111 se refiere a ti y a tu destino. Es una señal de los cielos de que es hora de empezar a manifestar tus sueños y hacer realidad tus objetivos. Pero para poder manifestar lo bueno, tenemos que dejar de lado lo que nos frena. Tómate el 111 como una señal para examinar tu sombra y cortar los lazos con lo que ya no te sirve.

Número Ángel 222

Mientras que el número 2 representa la armonía y el equilibrio, el número 222 en realidad te dice que algo está desequilibrado: ya sea en tu vida emocional, en tu físico o en tu mente. ¿Estás trabajando demasiado y no te cuidas? Toma el 222 como una señal para encontrar el equilibrio y la moderación en tu vida.

Número Ángel 333

Este Número Ángel es profundamente espiritual. Es un llamado a elevarse y a cumplir con el propósito final de su vida. Tienes dones únicos y la oportunidad de causar un impacto en el mundo. Toma el 333 como una señal de que es el momento de aprovechar tu propio potencial y utilizar esos dones.

Número Ángel 444

Este número angelical es un símbolo de esperanza y positividad. El Número Ángel 444 es la forma en que los ángeles te dicen que estás en el camino correcto y que sigas avanzando. Si estás viendo este número en tu vida, es probable que estés en medio de una lucha o trabajando duro hacia una meta. Toma el 444 como una señal de que casi has alcanzado el siguiente nivel.

Número Ángel 555

Este Número Ángel es un presagio de que se avecinan cambios. Tal vez sientas que te has estancado en tu vida profesional, o que estás atrapado en una situación personal de la que no puedes salir. Toma el 555 como una señal positiva de que el cambio se acerca, pero no se producirá si no trabajas por él: ¡Aprovecha esta oportunidad para dar el siguiente paso y poner en marcha tu cambio positivo!

Número Ángel 666

A pesar de la mala reputación que este número adquirió de la Iglesia, el Número Ángel 666 no es todo sobre el mal y los demonios. De hecho, cuando ves este número angelical en tu vida, es un símbolo de las batallas internas que estás enfrentando. Toma el Número Ángel 666 como una señal para detenerte y tomar el control de tus pensamientos negativos, antes de que ellos tomen el control de ti.

Número Ángel 777

Este número angelical es muy espiritual. Cuando el Número Ángel 777 aparece en tu vida, es una señal de un gran despertar espiritual por venir o una señal de los ángeles de que estás alineado con tu propósito divino. Toma el Número Ángel 777 como una señal para permitirte florecer y abrirte a todos los regalos que el universo tiene para ofrecerte.

Número Ángel 888

Este Número Ángel es una señal segura de que las bendiciones abundantes están en camino hacia ti. Los ángeles y otros poderes divinos te colmarán de abundancia espiritual, riqueza financiera o buena salud física. Pero no olvides que todavía tienes que ponerte a trabajar para hacer realidad tus sueños. Toma el Número Ángel 888 como una señal de que el camino que estás recorriendo te llevará al éxito si te mantienes en él.

Número Ángel 999

Este Número Ángel representa el final de algo, ya que el 9 es el último dígito. A veces, los finales pueden ser eventos tristes, pero cada final viene con la oportunidad de un nuevo comienzo. Cuando el Número Ángel 999 aparezca en tu vida, tómalo como una señal para pensar positivamente en lo que sea que esté llegando a su fin en tu vida, y mira hacia el próximo ciclo en tu vida.

Número Ángel 1010

Este Número Ángel representa el desarrollo y el crecimiento espiritual. Cuando veas el Número Ángel 1010, tómalo como una señal de que es el momento de invertir en ti mismo y en tus objetivos. El Número Ángel 1010 significa que estás trabajando para cumplir con tu propósito espiritual final en la vida.

Número Ángel 1111

El Número Ángel 1111 es un número altamente espiritual que habla directamente a tu intuición. Este raro número aparece en tu vida como una señal de que los poderes que son, te están bendiciendo. Toma el Número Ángel 1111 como una señal de oportunidad.

Número Ángel 1212

Este Número Ángel significa dualidad; específicamente, la dualidad entre el yo y lo divino. El Número Ángel 1212 te representa a ti y a tus guías espirituales trabajando juntos por tu destino final. Cuando el número 1212 se te aparezca, tómalo como una señal para mantenerte enfocado en tu camino, y recuerda que tienes la ayuda de los ángeles por encima de ti.

Número Ángel 1234

Este Número Ángel incluye los primeros cuatro dígitos simples en secuencia, representando el progreso y el movimiento hacia adelante. Este número divino habla de tu progreso en el camino de tu vida. Cuando el Número Ángel 1234 aparece en tu vida, tómalo como una señal de que estás en el camino correcto.

Capítulo ocho: Número del Camino de Vida

Tu Número del Camino de Vida, que se calcula a partir de tu fecha de nacimiento, es quizás el número más importante de tu carta numerológica, y suele ser el primero que calcula cualquier nuevo practicante de la numerología. Es el equivalente al signo solar en astrología, ya que le habla de su esencia. Tu Número del Camino de Vida puede informarte sobre tu verdadero propósito en la vida, así como sobre tus fortalezas y debilidades individuales.

Tu Número del Camino de Vida, en pocas palabras, representa el camino que recorres en la vida. Este número te revela tanto las oportunidades como los retos que encontrarás en el camino.

Calcula tu Número de Camino de Vida

Para calcular tu Número del Camino de Vida, solo tienes que sumar los dígitos de tu día de nacimiento, luego sumar los dígitos de tu mes de nacimiento, luego sumar los dígitos de tu año de nacimiento, y descomponerlos todos en números de un solo dígito. A continuación, suma estos números y redúcelos a un solo dígito una última vez. Esto se llama el número raíz. Por ejemplo:

28 de agosto de 1942

Agosto = 8

28 = 2+8 = 10 = 1+0 = 1

1942 = 1+9+4+2 = 16 = 1+6 = 7

8+1+7 = 16 = 1+6 = 7

Así, una persona nacida el 28 de agosto de 1943 tiene un número de trayectoria vital de 8. Otro ejemplo:

4 de enero de 1995

Enero = 1

4 = 4

1995 = 1+9+9+5 = 24 = 2+4 = 6

1+4+6 = 11

Dado que el 11 es un Número Maestro, no seguimos desglosando este número en dígitos individuales. En su lugar, decimos que alguien que nació el 4 de enero de 1995 tiene un número de trayectoria vital de 11, que es raro y especial -más adelante hablaremos de ello.

Número de Camino de Vida 1

Las personas con un Número de Camino de Vida 1 son líderes natos que asumen la responsabilidad de mantener y proteger a sus seres queridos. Si tienes un Número del Camino de Vida de 1, tienes una gran determinación y empuje para conseguir resultados. Una vez que te comprometes con un objetivo, no dejas que nada ni nadie se interponga en tu camino para conseguirlo.

Una fuerza poderosa, tu Número de Camino de la Vida 1 impone respeto y atención. Por otro lado, puedes enfurecerte rápidamente cuando las cosas no salen como quieres, ya que tu liderazgo natural te da un toque de naturaleza controladora. Te gusta estar al mando del trabajo importante y no te gusta desempeñar un papel de apoyo, sino que prefieres el protagonismo. Puedes ser demasiado crítico tanto con tus propios defectos como con los de los demás, exigiendo la perfección.

Los que tienen un Número de Camino de la Vida 1 están destinados a tener éxito en la vida, siempre que apliquen su determinación y empuje adecuadamente. Cuando se trata de negocios y trabajo, brillas cuando eres tu propio jefe; los del Número de Camino de la Vida 1 son excelentes propietarios de negocios y empresarios. Sin embargo, el Número 1 del Camino de la Vida tiene una tendencia a la presunción. Procura no preocuparte demasiado por las apariencias.

Número de Camino de Vida 2

Si tienes un Número de Camino de Vida 2, eres una persona muy sensible. Esta cualidad es a la vez una fuerza y una debilidad, dependiendo de cómo la aproveche. Por un lado, eres capaz de experimentar la vida a un nivel profundo que otros no tienen, pero por otro lado, tienes tendencia a contenerte por miedo a ser herido por los demás.

Además de tu sensibilidad, el número 2 de tu trayectoria vital te aporta una gran capacidad de percepción. Estás muy en sintonía con los sentimientos de los demás, y eres empático. A veces, trabajas bien con los demás y tiendes a ser el pacificador del grupo, ayudando a mantener a todos unidos y trabajando en armonía. El Número 2 del Camino de Vida no trabaja en el centro de atención, pero a menudo es un jugador poderoso entre bastidores. En las relaciones personales, eres un amante y un amigo atento. La gente se siente atraída por ti y le encanta estar cerca de tu naturaleza pacífica.

Sin embargo, si tu número de la trayectoria vital es el 2, tu sensibilidad hace que tu ego sea más bien delicado y se resienta con rapidez. Si no asumes el riesgo inherente que supone abrir tu verdadero yo a los demás, crearás, a su vez, resentimiento y tenderás a huir de los conflictos.

Número de Camino de Vida 3

El Número de Camino de Vida 3 tiene que ver con la expresión y la creatividad. Estos individuos son algunos de los mejores artistas, músicos y poetas. Para perfeccionar tu don innato de expresión, tendrás que comprometerte con el duro trabajo del estudio y la práctica. Procura concentrarte y ser disciplinado, no sea que desperdicies tus talentos.

Si tu Número del Camino de Vida es el 3, ¡eres el alma de la fiesta! Tienes un don para hacer amigos y te encanta ser el centro de atención; una mariposa social. Inspiras a todos los que conoces con tu disposición alegre, y tu optimismo, frente a los contratiempos, te ayuda a superar cualquier reto que se te presente en la vida.

El lado oscuro del Número 3 del Camino de Vida es que puedes ser irresponsable con el dinero debido a tu naturaleza desorganizada. También eres vulnerable a las críticas y sorprendentemente sensible; cuando alguien te hiere, tiendes a retirarte o a fingir que nunca ha ocurrido y volver con una broma. Debes aprender a no encubrir tus verdaderos sentimientos con el humor.

Número de Camino de Vida 4

Las personas con un Número de Camino de Vida 4 son del tipo "sal de la tierra": trabajadoras, dedicadas, prácticas y con los pies en la tierra. Si tu número de la trayectoria vital es el 4, tenderás a ser muy organizado, a apreciar el orden y a tener fuertes convicciones sobre lo que crees que es correcto o incorrecto.

Si tu Número del Camino de Vida es el 4, estás destinado a alcanzar el éxito, pero solo después de haber trabajado mucho para conseguirlo. Posees un nivel de dedicación que supera con creces a los que te rodean y debes tener cuidado de no parecer mandón y mezquino; intenta no juzgar a estos otros Números de Camino de la Vida con demasiada dureza.

El número 4 del Camino de Vida le hace ser muy metódico y meticuloso. Eres bueno con el dinero y valoras la estabilidad financiera, sin embargo, puedes volverte fácilmente demasiado rígido y resistente al cambio. Deberías intentar cultivar cierta flexibilidad en tu personalidad. Si eres demasiado cauteloso y te resistes al cambio, puedes perder grandes oportunidades en la vida.

Número de Camino de Vida 5

El Número 5 del Camino de Vida tiene que ver con la libertad. Las personas con este número del Camino de Vida valoran su libertad por encima de todo. Son amantes de los viajes y de las grandes aventuras. Este amor está destinado a llevar al Número 5 del Camino de Vida a un viaje por la vida, conociendo a mucha gente nueva y viendo muchas cosas nuevas. Esto, a su vez, amplía los horizontes del Número 5; estas personas tienden a ser muy abiertas de mente y a aceptar a otros que son diferentes a ellos.

Si tu Número del Camino de Vida es el 5, eres una de esas raras personas a las que les gusta y les va bien el cambio. Se adapta de forma experta a cualquier obstáculo que la vida le plantee. Como excelente comunicador, te irá bien en una carrera que utilice tu personalidad, como las ventas o la política. También es posible que te atraiga mucho la idea de ser tu propio jefe.

Sin embargo, tu amor por la libertad te hace dudar de los compromisos, ya sea en las relaciones o en el trabajo. Te falta disciplina y orden, y tu entusiasmo por la vida, si no se controla, puede llevarte fácilmente al abuso de sustancias u otros problemas de adicción. Tu reto con el número 5 de la trayectoria vital es cultivar la concentración y el compromiso en tus esfuerzos, no sea que todas tus grandes ideas nunca vean la luz del día.

Número de Camino de Vida 6

Se dice que los que tienen el Número del Camino de Vida 6 son los cuidadores del mundo. Están dotados de una gran compasión por los demás y viven una vida de servicio. Si tu Número del Camino de Vida es el 6, eres un sanador natural y el tipo de persona a la que los demás acuden en busca de consuelo. Tiendes a asumir la responsabilidad de cuidar a tus allegados. A veces, esto puede hacer que te sientas sobrecargado. Uno de tus retos en la vida es aprender a decir que no.

Con un Número del Camino de Vida de 6, a menudo eres admirado y adorado por los demás, pero sigues siendo muy humilde. Eres un excelente amigo y una pareja romántica y padre aún mejor, porque eres generoso, cariñoso y generoso, además de carismático y encantador.

Estas personas tienden a ser muy creativas y talentosas, a la vez que poseen un don para los negocios debido a su encanto. Lo que debes tener en cuenta es a quién eliges para pasar tu tiempo y dar tu amor y cuidado. El número 6 del Camino de Vida corre el riesgo de atraer a parejas abusivas que se aprovechen de tu amor y generosidad.

Número de Camino de Vida 7

El Número del Camino de Vida 7 es el buscador. Las personas con este número del Camino de Vida son personas profundamente espirituales que se sienten atraídas por encontrar las respuestas detrás de los misterios de la vida. Aunque el Número del Camino de Vida 7 es increíblemente espiritual, estas personas también poseen una mente aguda y una racionalidad bien desarrollada. Son capaces de un pensamiento analítico superior y tienden a prosperar cuando resuelven rompecabezas de todo tipo.

Si tu Número del Camino de Vida es el 7, es probable que seas un introvertido o un lobo solitario. Prefieres pensar a solas, sin que te interrumpan las influencias externas. Tu privacidad y autonomía son muy importantes para ti y, por ello, puede ser un reto para ti establecer y mantener relaciones íntimas. Eres extremadamente cuidadoso para proteger tu rica vida interior de los demás y no te abres fácilmente.

Los que tienen el Número del Camino de Vida 7 deben tener cuidado de no aislarse demasiado, lo que puede generar soledad. Esta soledad puede incluso transformarse en celos y resentimiento. Cuida tus relaciones para que puedas vivir todo el potencial de este número del camino de vida tan especial.

Número de Camino de Vida 8

Las personas con un Número del Camino de Vida 8 están destinadas al éxito en los negocios y las finanzas. Estos individuos son líderes naturales con talento para la gestión, no solo en el trabajo sino también en los asuntos personales. Más que cualquier otro camino de vida, el Número del Camino de Vida 8 tiene el potencial de una riqueza fabulosa y un éxito financiero, pero esto viene con un mayor potencial de caída, también.

Si tu Número del Camino de Vida es el 8, debes tener mucho cuidado para evitar sucumbir a la codicia y al ansia de poder. Tu reto en la vida es aprender que el verdadero valor del dinero y del éxito reside en lo que puedes compartir con los demás. En definitiva, debes utilizar tus poderes para el bien y no para el mal. Tus talentos del Número del Camino de Vida 8 solo se realizan plenamente cuando los utilizas para el bien de toda la humanidad.

Las personas con un Número del Camino de Vida 8 también son propensas a vivir por encima de sus posibilidades, ya que su agudo sentido del estilo y su amor por la comodidad y la suntuosidad pueden llevarles a gastar en exceso. Pero el Número del Camino de Vida 8 también es un miembro cariñoso de la familia y un amigo apreciado y generoso. Atraes a la gente buena a tu vida.

Número de Camino de Vida 9

Si tienes un Número del Camino de Vida de 9, eres un verdadero humanitario y filántropo. Tu profundo amor por el mundo te lleva a intentar todo lo que esté a tu alcance para hacer del mundo un lugar mejor. Tienes una necesidad innata de sacrificio, de dar tu tiempo, energía y dinero a un bien mayor, y encuentras tu realización y satisfacción en la entrega de ti mismo.

Los individuos con un Número del Camino de Vida de 9 tienden a ser muy imparciales cuando se trata de juzgar a otras personas, y de hecho estas personas atraen a otras de todos los ámbitos de la vida debido a sus personalidades magnéticas. Además de tus ideales igualitarios, tu Número del Camino de Vida 9 te otorga una gran dosis de imaginación y creatividad, así como el don de ver la belleza en todo.

Sin embargo, el lado oscuro del Número 9 del Camino de Vida es que tiende a decepcionarse fácilmente cuando las cosas no se ajustan a sus expectativas. Por lo tanto, como eres un idealista, puedes frustrarte fácilmente con el estado del mundo. Procura apreciar lo lejos que habéis llegado tú y los demás, en lugar de estar constantemente empujándote a ti mismo y a los demás al siguiente nivel.

Número de Camino de Vida 11

El Número Maestro 11 imparte una gran cantidad de potencial como Número del Camino de Vida, pero también viene con desafíos significativos. Si tu Número del Camino de Vida es el Número Maestro 11, eres una persona sumamente intuitiva con una energía psíquica sobrecargada. Esta energía fluye a través tuyo y te convierte en una inspiración para los demás. Pero, si no aprendes a aprovecharla, esta energía puede causarte confusión interna y causar estragos en tu bienestar emocional.

La verdad de tus dones intuitivos es que eres un canal entre el reino espiritual y el terrenal. La intuición está a su disposición con poco trabajo o esfuerzo por su parte; parece que surge de forma natural. Tu destino con un número de la trayectoria vital de 11 es ser un justo sanador y pacificador en el mundo, utilizando tus dones intuitivos para difundir un mensaje divino a los demás.

Sin embargo, el poder intuitivo del Número Maestro 11 es un arma de doble filo, y las personas con este Número del Camino de Vida tienden a ser muy autocríticas y pueden quedar paralizadas por la duda. Es posible que tu vida se vea afectada por la depresión y la falta de confianza. Esta confianza es la clave para encontrar y utilizar tu verdadero y completo potencial para cambiar el mundo.

Número de Camino de Vida 22

Si el Número del Camino de Vida es el Número Maestro 22, estás destinado a ser un maestro constructor. Has nacido bajo uno de los Números del Camino de Vida más poderosos posibles, pero este poder viene con desafíos adicionales debido a que tienes el Número Maestro 22 en tu carta numerológica. Debido a que tu poder se basa en tu visión interior y en tus fuertes ideales, se trata de una forma de poder algo delicada.

Para aprovechar este poder en todo su potencial, debes aprender a aceptar y amar las dualidades dentro de ti, ya que tu idealismo lucha con tu sentido práctico. Debes aprender a ser, a la vez, un visionario y a mantener los pies en el suelo. Este es el verdadero potencial del maestro de obras, el Número del Camino de Vida 22.

Si tu Número del Camino de Vida es el 22, tiendes a centrarte más en tu trabajo y en tus sueños que en las relaciones personales. En las relaciones íntimas, debes tener cuidado de no volverte controlador o manipulador. Mantén a la vista el objetivo final de tu propósito superior para guiarte.

Número de Camino de Vida 33

Es extremadamente raro tener un Número del Camino de Vida 33. Los que tienen este número maestro en su trayectoria de vida tienen el potencial de ser los maestros del mundo; sin embargo, debido a que el 33 es un número maestro, este potencial viene con un conjunto único de desafíos. Si tu Número del Camino de Vida es el 33, tu potencial divino reside en tu capacidad para guiar a los demás.

Con este Número del Camino de Vida, tienes acceso a una gran cantidad de conocimiento espiritual. Tu talento es la capacidad de ir hacia dentro y utilizar tu intuición para obtener este conocimiento y compartirlo con los demás. Junto con tu aguda intuición viene una sincera compasión por los demás. Esta naturaleza bondadosa te lleva a responsabilizarte de los demás, incluso cuando quizás no deberías hacerlo. Tu reto con un número de la trayectoria vital 33 es encontrar el equilibrio entre dar y ser acompañado.

El Número del Camino de Vida 33 se siente atraído por las personas más débiles; estos individuos tienden a pensar que pueden "arreglar" a sus parejas. Por esta razón, aquellos con el Número del Camino de Vida 33 corren el riesgo de tener relaciones abusivas con otras personas que se aprovecharán de su generosidad.

Capítulo nueve: Número de Destino

A diferencia de tu número de trayectoria vital, que se basa en tu fecha de nacimiento, tu Número de Destino se calcula a partir de tu nombre completo. Si el Número del Camino de Vida te dice cuál es tu mayor propósito en la vida, entonces tu Número de Destino te dice cómo vas a lograrlo. Por esta razón, el Número de Destino a veces se llama también Número de Expresión: ¡se trata de cómo te expresas! Tu Número de Destino, cuando se analiza junto a tu Número del Camino de Vida como dos de los cálculos más importantes de tu carta numerológica, puede proporcionar una interpretación matizada de tu carta numerológica.

Calcula tu Número de Destino

Tradicionalmente se utilizan los nombres de nacimiento para calcular el Número de Destino, pero algunos numerólogos creen que se puede, de hecho, cambiar el Número de Destino cambiando el nombre. Recordemos que Pitágoras enseñó a sus alumnos que se dice que cada letra del alfabeto corresponde a un número del 1 al 9:

1. A, J, S
2. B, K, T
3. C, L, U
4. D, M, V
5. E, N, W
6. F, O, X
7. G, P, Y
8. H, Q, Z
9. I, R

Para calcular tu Número de Destino, utilizarás la tabla de números a letras de arriba para convertir las letras de tu nombre, segundo nombre y apellidos en números. A continuación, suma estos números individualmente y redúcelos a un solo dígito y, finalmente, suma estos dígitos y vuelve a reducirlos si es necesario. Por ejemplo:

Mary Ann Rose

Mary = 4+1+9+7 = 21 = 2+1 = 3

Ann = 1+5+5 = 11 = 1+1 = 2

Rose = 9+6+1+5 = 21 = 2+1 = 3

3+2+3 = 8

Así, un individuo llamado Mary Ann Rose tiene un número de destino de 8. Otro ejemplo:

Jonathan Brian Green

Jonathan = 1+6+5+1+2+8+1+5 = 29 = 2+9 = 11 (¡Recuerda que no descomponemos los Números Maestros en sus Números Raíces!)

Brian = 2+9+9+1+5 = 26 = 2+6 = 8

Green = 7+9+5+5+5 = 21 = 2+1 = 3

11 + 8 + 3 = 22

Así, Jonathan Brian Greene tiene un número de destino de 22, que es un Número Maestro.

Número de Destino 1

Los que tienen un Número de Destino 1 son líderes natos e individualistas independientes. Si tu Número de Destino es el 1, eres una persona original y muy ambiciosa con mucho valor. Le encanta explorar e innovar. Seguro de sí mismo y enérgico, puedes frustrarte fácilmente cuando te sientes limitado por las ideas de los demás.

Número de Destino 2

Si tienes un Número de Destino 2, tu talento es trabajar bien con los demás con tacto. Tu excelente sentido de la intuición te hace estar en sintonía con la personalidad de los demás en diferentes situaciones, lo que te ayuda a actuar con sutileza y tacto. Con este número de destino, posees talentos diplomáticos. Sacas lo mejor de los demás.

Número de Destino 3

Con un Número de Destino 3, eres extrovertido, expresivo y posees un optimismo sin límites. Eres una persona alegre e inspiradora; atraes a los demás con tu gran encanto. Si tu Número de Destino es el 3, eres un individuo sumamente creativo y un excelente comunicador. Te iría bien en las artes o en la escritura.

Número de Destino 4

Los que tienen un Número de Destino 4 son la base de sus comunidades, los cimientos de la sociedad. Si tu Número de Destino es el 4, eres muy adecuado para la gestión, ya que eres un organizador metódico y un pensador sistemático. Además, eres muy capaz y trabajador, y tienes los medios para lograr cualquier cosa que te propongas.

Número de Destino 5

Los que tienen un 5 como Número de Destino son aventureros de espíritu libre y amantes de la emoción. Si tu Número de Destino es el 5, eres el tipo de persona que se siente extremadamente atraída por la libertad, tanto que harías cualquier cosa para proteger tu libertad. Necesitas ser libre para ser fiel a ti mismo. Tu destino es viajar.

Número de Destino 6

Se dice que un Número de Destino 6 hace que una persona sea cariñosa y atenta. Los que tienen este Número de Destino tienden a ser del tipo que pone a sus seres queridos por delante de sus propias necesidades. Si el 6 es tu Número de Destino, eres un amigo confiable y honesto, y los demás te ven como alguien responsable y extremadamente servicial.

Número de Destino 7

El Número de Destino 7 está dotado de una mente aguda para el análisis y un hambre de responder a las preguntas más grandes de la vida. Si tu Número de Destino es el 7, estás muy interesado en aprender y harías bien en explorar la ciencia, la filosofía y el misticismo. Tu destino final es la búsqueda de la verdad, que tienes todas las capacidades necesarias para descubrir.

Número de Destino 8

Los que tienen un Número de Destino 8 están destinados a alcanzar la grandeza. Estos individuos trabajarán duro y pondrán en práctica sus talentos, convirtiéndose en los mejores y más exitosos en cualquier cosa que se propongan. Si tienes un Número de Destino 8, eres una persona muy competitiva que disfruta con los retos. Es probable que ganes mucho dinero a lo largo de tu vida.

Número de Destino 9

Si tienes un Número de Destino 9, tienes un gran espíritu humanitario. Tus elevados ideales y tu amor por los demás te atraen hacia las causas humanitarias, y estás dispuesto a luchar para hacer del mundo un lugar mejor. Este Número de Destino representa al idealista definitivo cuyo destino es ser el reparador de los males y transformar el mundo por completo con tu visión.

Número de Destino 11

Si tu Número de Destino es el Número Maestro 11, eres una persona con una gran carga psíquica que atrae poderosas visiones e iluminación. Tienes una presencia poderosa, y puede que ni siquiera te des cuenta de la clase de poder que tienes. Con un Número de Destino 11, eres un canal a través del cual la divinidad fluye hacia el mundo mortal.

Número de Destino 22

Si tu Número de Destino es el Número Maestro 22, eres un gran soñador con objetivos de largo alcance que son enormes en su alcance. Tu destino es cambiar la historia, dejando tu huella en el mundo. Eres capaz de cualquier cosa que te propongas, y eso incluye convertir tus ideas más descabelladas en realidad. Este Número de Destino te confiere un gran potencial de realización.

Número de Destino 33

Es extremadamente raro tener un Número Destino 33, y todos los rasgos del Número Maestro 33 se amplifican. Los que tienen este número maestro como número de destino son personas extremadamente amables, cariñosas y generosas. Si tu Número de Destino es el 33, tienes un gran nivel de creatividad y autoexpresión además de tu amabilidad bien entendida. Tu destino es enseñar algo importante al mundo.

Capítulo diez: Número del Impulso del Alma

El tercer número importante de la carta numerológica que vamos a tratar se llama Número del Impulso del Alma, o a veces simplemente Número del Alma o Número del Deseo del Corazón. Este número revela tu interior más profundo y te dice cuáles son tus mayores deseos. El Número del Impulso del Alma se refiere a lo que realmente eres en tu interior.

Mientras que el conocimiento de tu Número del Camino de Vida te habla de tu mayor propósito en la vida, añadir la comprensión de tu Número del Impulso del Alma te asegura un mejor conocimiento de quién eres auténticamente. Saber cuáles son los mayores deseos de tu alma te aportará tranquilidad, ya que podrás utilizar tus talentos y habilidades (adivinados por tus Números del Camino de Vida y del Destino) para hacer realidad los deseos de tu corazón.!

Calcula tu Número del Impulso del Alma

Al igual que tu Número del Destino, tu Número del Impulso del Alma se calcula utilizando tu nombre; sin embargo, en este caso, solo se utilizan las vocales. Se dice que las consonantes representan su persona pública y externa, mientras que las vocales representan sus sentimientos, creencias y rasgos más íntimos. Así que, en esencia, las vocales de tu nombre representan tu alma.

Los valores de las vocales son los siguientes:

- A = 1
- E = 5

- I = 9
- O = 6
- U = 3
- Y = 7

Es importante tener en cuenta que solo incluirás la letra Y o el número 7 en tus cálculos si la Y de tu nombre se utiliza como vocal. Por ejemplo, con el nombre Emily, contamos la Y para el cálculo del impulso del alma:

Emily = E+I+Y = 5+9+7 = 21 = 2+1 = 3

Sin embargo, en el caso del nombre Yancy, la primera Y actúa como consonante, por lo que no se utiliza al calcular el Número del Impulso del Alma. Solo se cuenta la segunda Y, que actúa como vocal:

Yancy = A+Y = 1+7 = 8

Hay que tener en cuenta que cuando una palabra que termina en otra vocal + la letra Y, la Y normalmente no se cuenta porque no está añadiendo ningún sonido vocálico adicional. Por ejemplo, el nombre Finlay:

Finlay = I+A = 9+1 = 10 = 1+0 = 1

Un truco para saber si hay que contar la Y en un nombre es contar el número de sílabas. En el cálculo del Número del Impulso del Alma solo debe haber tantas letras/números como sílabas tenga el nombre.

Número del Impulso del Alma 1

Las personas con un Número del Impulso del Alma de 1 tienen una necesidad imperiosa de seguir siendo independientes. Si tu Número del Impulso del Alma es el 1, sueñas con ser el líder en tu campo, y tienes la confianza y el valor necesarios para liderar.

Número del Impulso del Alma 2

Si tienes un Número del Impulso del Alma 2, tienes un profundo deseo de dedicar tu vida a amar a otra persona; eres una excelente pareja o cónyuge. Eres una persona muy emocional, amable e incluso sensible, lo que se debe a tu poderosa intuición.

Número del Impulso del Alma 3

Si tienes un Número del Impulso del Alma de 3, el deseo de tu corazón es pasarlo bien mientras estás en este planeta. Eres una persona amigable y extrovertida que fácilmente hace nuevos compañeros. Con este Número del Impulso del Alma, tienes el don de la autoexpresión y serías un gran artista o escritor.

Número del Impulso del Alma 4

Las personas con un Número del Impulso del Alma 4 valoran mucho un hogar y una vida familiar estables. Si tu Número del Impulso del Alma es el 4, es probable que desprecies los cambios repentinos y prefieras el orden y la limpieza en tu vida. El Número del Impulso del Alma 4 es muy fiable y apoya a sus seres queridos.

Número del Impulso del Alma 5

Los que tienen un 5 como Número del Impulso del Alma son aventureros con un gran amor por los viajes. Con una gran flexibilidad y capacidad para adaptarse sin esfuerzo a los cambios de tu entorno, tu Número del Impulso del Alma 5 significa que, en el fondo, buscas la libertad más que nada en la vida.

Número del Impulso del Alma 6

Se dice que un Número del Impulso del Alma 6 representa a las personas cuya mayor felicidad se encuentra al compartir el amor con los demás. Si tu Número del Impulso del Alma es el 6, es probable que seas una persona generosa y solidaria a la que los demás acuden en busca de ayuda, y mantienes un hogar confortable en el que te encanta recibir invitados.

Número del Impulso del Alma 7

El Número del Impulso del Alma 7 valora la capacidad mental y el conocimiento por encima de todo. Los que tienen este Número del Impulso del Alma están destinados a desentrañar los misterios de la vida. Si tienes un Número del Impulso del Alma 7, eres una persona excepcionalmente inteligente que busca la verdad en todas las cosas.

Número del Impulso del Alma 8

Las personas con un Número del Impulso del Alma 8 tienen grandes ambiciones, y su deseo más profundo es el poder, la riqueza y el éxito. Si tienes un Número del Impulso del Alma 8, eres un líder visionario y tienes los talentos necesarios para lograr el gran éxito que buscas.

Número del Impulso del Alma 9

Si tienes un Número del Impulso del Alma de 9, tu mayor satisfacción y realización en la vida proviene de saber que has servido a los demás. Eres un perfeccionista con altos ideales. Con un Número del Impulso del Alma 9, estás destinado a dejar el mundo mejor de lo que lo encontraste.

Número del Impulso del Alma 11

Si tu Número del Impulso del Alma es el Número Maestro 11, eres más sabio que tu edad y profundamente intuitivo. Tu mayor impulso en la vida es encontrar y mantener la armonía y el equilibrio. Con este Número del Impulso del Alma, te desagrada sinceramente y evitas los conflictos.

Número del Impulso del Alma 22

Si tu Número del Impulso del Alma es el Número Maestro 22, tu deseo más profundo es realizar una creación que haga del mundo un lugar mejor. Tienes un fuerte impulso para manifestar la visión en la realidad. Con este Número del Impulso del Alma, eres a la vez inventivo y realista; eres capaz de hacer realidad todos tus sueños.

Número del Impulso del Alma 33

Es extremadamente raro tener un Número del Impulso del Alma del 33. Los que tienen este Número Maestro para su Número del Impulso del Alma están comprometidos con el cuidado de sus seres queridos. Si este es tu Número del Impulso del Alma, eres más feliz y te sientes más realizado cuando estás con tu familia y amigos. Eres profundamente leal y nunca decepcionas a un amigo.

Capítulo once: El número de la personalidad

El siguiente número importante de su carta numerológica que trataremos es el llamado Número de la Personalidad, también llamado a veces Número de la Personalidad Exterior. Tu Número de la personalidad te dice cómo te ven los demás. Este número revela tu aspecto exterior, lo que muestras al mundo, es decir, ¡tu personalidad!

Calcula tu Número de la Personalidad

En contraste con tu Número del Impulso del Alma, que como recuerdas habla de tus deseos más íntimos y se calcula basándose solo en las vocales de tu nombre, tu Número de la Personalidad se calcula usando solo las consonantes. Como aprendiste en el capítulo anterior, las consonantes representan tu persona pública y externa, mientras que las vocales representan tus sentimientos, creencias y rasgos más íntimos. Por lo tanto, tiene sentido que tu Número de la Personalidad provenga de las consonantes de tu nombre.

En realidad, se pueden calcular dos números de personalidad diferentes: Uno utilizando tu nombre de nacimiento completo, que es tu verdadero Número de la Personalidad, y otro utilizando tu apodo, que es tu Número de la Personalidad menor. Este segundo número tiene menos influencia en ti y en tu carta numerológica, pero puede ayudar a dar una comprensión matizada de quién eres como persona.

Los valores de las consonantes son los siguientes:

1. J, S
2. B, K, T
3. C, L
4. D, M, V
5. N, W
6. F, X
7. G, P, Y
8. H, Q, Z
9. R

Recuerda que solo debes contar la letra Y como un número 7 en tu cálculo del Número de la Personalidad si se utiliza como consonante en el nombre. Por ejemplo:

Yancy = Y+N+C = 7+5+3 = 15 = 1+5 = 6

En el nombre de Yancy, contamos la primera Y porque actúa como consonante, pero no contamos la Y del final del nombre porque esta Y actúa como vocal.

Número de la Personalidad 1

Los que tienen un Número de la Personalidad de 1 parecen controlados y capaces ante los demás. Estos tipos de personalidad son valientes y valoran mucho la determinación ante los desafíos. Si tu Número de la Personalidad es el 1, irradias hacia el exterior una energía dinámica que puede resultar intimidante para los demás. Quizás debas tratar de suavizarte un poco y tener cuidado de no parecer agresivo.

Número de la Personalidad 2

Si tienes un Número de la Personalidad 2, los demás te ven como una persona accesible y amistosa. La gente tiende a pensar en ti como una persona segura en la que pueden confiar. Sin embargo, esta misma cualidad que te atrae también te hace sensible. Con un Número de la Personalidad 2, es probable que hayas sufrido algún daño o trauma en el pasado que te impida abrirte completamente a la gente en la actualidad. Es una buena idea trabajar para curar tus heridas y superar tu timidez.

Número de la Personalidad 3

El Número de la Personalidad 3 está lleno de vida. Si este es tu Número de la Personalidad, los demás te ven como alguien encantador, inspirador y edificante. Eres una persona popular, el alma de cualquier fiesta, y a los demás les encanta estar contigo porque eres divertido. Sin embargo, la desventaja del Número de la Personalidad 3 es que puedes ser voluble e irresponsable, y frívolo cuando se trata de mantener tus compromisos.

Número de la Personalidad 4

Las personas con un Número de la Personalidad 4 son personas orientadas a la familia que son buenos proveedores y protectores. Si tu Número de la Personalidad es el 4, los demás te ven como alguien confiable y honesto; eres el pegamento que mantiene unida a la comunidad. La gente tiende a confiar en tu criterio y acude a ti en busca de consejo. Con un Número de la Personalidad 4, te presentas como alguien muy particular y preciso; sin embargo, corres el peligro de parecer controlador si no dominas estas cualidades de tu personalidad.

Número de la Personalidad 5

Los que tienen un 5 como Número de la Personalidad son vistos por los demás como personas brillantes e innovadoras. Si tu Número de la Personalidad es el 5, es probable que a los demás les guste hablar contigo y pasar tiempo a tu alrededor. Optimista y alegre, eres un espíritu sumamente aventurero y te adaptas a cualquier situación que se te presente. Sin embargo, el lado oscuro de este tipo de personalidad es que puedes entregarte demasiado a tus impulsos, lo que puede conducir a una personalidad adictiva.

Número de la Personalidad 6

Las personas con un Número de la Personalidad 6 irradian externamente un sentido de compasión. Si tu Número de la Personalidad es el 6, los demás perciben fácilmente tu calidez y piensan en ti como una buena persona; el tipo de persona a la que pueden acudir para que les ayude con sus problemas. Por ello, los tipos de personalidad número 6 deben estar en guardia para que no se aprovechen de ellos. Con este Número de la Personalidad, tu afición al servicio te pone en riesgo de martirizarte si se lleva al extremo.

Número de la Personalidad 7

Si tienes un Número de la Personalidad 7, los demás te ven como alguien misterioso y un poco de otro mundo; sin embargo, esta cualidad misteriosa tiende a atraer a la gente hacia ti. Con este Número de la Personalidad, eres muy respetado por tu intelecto e ingenio, pero es probable que la gente te vea como alguien frío y retraído. Debido a que eres tan inteligente, tu Número de la Personalidad 7 te pone en riesgo de parecer un arrogante sabelotodo.

Número de la Personalidad 8

Las personas con un Número de la Personalidad 8 aparecen ante los demás como individuos muy fuertes y poderosos. Si este es tu Número de la Personalidad, puedes ser una fuerza intimidante debido a tu autoridad natural. Irradias confianza, y la gente te respeta y te busca para que les guíes. La debilidad del Número de la Personalidad 8 es su tendencia al engreimiento y la codicia. Debes recordar ser generoso con los demás y compartir tus dones con el mundo, no sea que te vuelvas autoritario en tu liderazgo.

Número de la Personalidad 9

Si tienes un Número de la Personalidad 9, los demás te ven como una persona elegante y bien arreglada, a veces incluso aristocrática. Estos tipos de personalidad controlan completamente la imagen que dan al mundo. Tu Número de la Personalidad 9 te otorga gracia, elegancia y carisma; pero aunque muchos te admiran, también tienes tendencia a la arrogancia. Procura no pensar en ti mismo como algo separado o por encima del resto del mundo, no sea que te vuelvas distante.

Número de la Personalidad 11

Si tu Número de la Personalidad es el Número Maestro 11, es probable que hayas superado la timidez y la inhibición que te frenaban antes en la vida. Ahora, los demás lo ven como una persona segura de sí misma, pero conserva la sensibilidad inocente con la que nació. La gente tiende a ver a los que tienen el Número de la Personalidad 11 como individuos amables y cariñosos. A la gente le encanta estar cerca de ti porque haces que los demás se sientan queridos. Sin embargo, debes evitar que se aprovechen de ti a lo largo de tu vida.

Número de la Personalidad 22

Si tu Número de la Personalidad es el Número Maestro 22, los demás te ven como alguien fiable y coherente. Los demás tienden a confiar en ti y a buscar tu criterio. Con este tipo de personalidad, es probable que seas un pilar de tu comunidad, y que otras personas confíen en ti para hacer tu trabajo tan bien como tú. Sin embargo, debes tener cuidado de no engañarte pensando que estás más allá de los cuestionamientos, no sea que te vuelvas controlador y ávido de poder.

Número de la Personalidad 33

Es extremadamente raro tener un Número de la Personalidad de 33. Los que tienen este Número Maestro para su Número de la Personalidad inspiran confianza en los demás, que a menudo querrán desahogarse contigo. Si tu Número de la Personalidad es el 33, tienes una gran influencia en tu comunidad y el potencial para hacer algo grande en el mundo. Sin embargo, no eres muy bueno para juzgar el carácter, y tiendes a ver siempre lo mejor de las personas, incluso cuando quieren hacerte daño.

Capítulo doce: El número del día de nacimiento

El último de los Números Núcleo de tu carta numerológica y el Número Núcleo con menos influencia: Tu Número del Día de Nacimiento te dice qué atributos únicos tienes para ofrecer. En resumen, ¡tu Número del Día de Nacimiento representa tu regalo para el mundo!

Calcula el Número del Día de Nacimiento

En realidad, no tienes que calcular el Número del Día de Nacimiento en absoluto. Esto es fácil: simplemente, tome el número del día del mes en el que nació. Eso es todo. A diferencia de los otros números centrales, los numerólogos no desglosan el Número del Día de Nacimiento en su Número Raíz.

Por ejemplo, si naciste el 1 de diciembre de 1954, tu número del día de nacimiento es el 1. Si naciste el 30 de abril de 1995, tu Número del Día de Nacimiento es el 30. Es así de sencillo. Sigue leyendo para descubrir lo que tu Número del Día de Nacimiento tiene que decir sobre tus dones especiales.

Número del Día de Nacimiento 1

Si has nacido el primer día del mes, tu Número del Día de Nacimiento es el 1, lo que te convierte en una persona innovadora y emprendedora. Posees una poderosa determinación de voluntad y puedes conquistar cualquier reto que se te presente. Nunca tienes miedo de ser el primero en algo y te encanta probar cosas nuevas.

Número del Día de Nacimiento 2

Si has nacido el segundo día del mes, tu Número del Día de Nacimiento es el 2, lo que te convierte en una persona intuitiva con talento para encontrar soluciones. Eres imparcial y, por tanto, capaz de ver todos los lados de la situación, lo que te convierte en una excelente fuente de consejos para los demás.

Número del Día de Nacimiento 3

Si has nacido el tercer día del mes, tu Número del Día de Nacimiento es el 3, y la expresión personal es algo natural para ti. Eres un excelente comunicador y un gran conversador. Tienes talento para el arte, ya sea visual, musical o de otro tipo, y tu brillante personalidad es una inspiración para todos los que te rodean.

Número del Día de Nacimiento 4

Los que tienen un Número del Día de Nacimiento 4 son sólidos como una roca, estables y racionales. Trabajas duro y puedes perseverar ante cualquier obstáculo. Eres un amigo fiable y a los demás les encanta estar cerca de ti.

Número del Día de Nacimiento 5

Si has nacido el quinto día del mes, tu Número del Día de Nacimiento es el 5, lo que te dota del raro don de la adaptabilidad. Como te encanta la emoción del cambio, estás preparado para aceptar cualquier obstáculo que te plantee la vida.

Número del Día de Nacimiento 6

Un Número del Día de Nacimiento 6 significa que eres un criador natural con un gran corazón. Te encanta ayudar a los demás y facilitar la curación, y proteges ferozmente a tus allegados. ¡Tu regalo al mundo es tu amor!

Número del Día de Nacimiento 7

El Número 7 del Día de Nacimiento se dice que posee una mente aguda y curiosa. Tu don es la capacidad de aprender, no solo en el ámbito terrenal, sino también en el espiritual.

Número del Día de Nacimiento 8

Los que tienen un Número del Día de Nacimiento 8 están destinados al éxito. Si tu número de día de nacimiento es el 8, tienes un don para alcanzar todas las metas que te propongas. Eres muy capaz y poderoso a la altura de tu excepcional ambición.

Número del Día de Nacimiento 9

Si tu Número del Día de Nacimiento es el 9, eres una persona sumamente compasiva con un corazón de oro. Encuentras tu plenitud en la vida ayudando a los demás. Tu don es que estás divinamente destinado a cambiar el mundo para mejor a través de tus actos de servicio.

Número del Día de Nacimiento 10

El Número 10 del Día de Nacimiento es un líder nato. Si este es tu Número del Día del Nacimiento, tienes una mente aguda: tu don es que no solo puedes imaginar nuevas soluciones fantásticas, sino también organizar todos los detalles necesarios para llevar a cabo tus planes.

Número del Día de Nacimiento 11

El Número 11 del Día de Nacimiento representa una gran perspicacia. Si este es tu Número del Día de Nacimiento, tienes una percepción aguda y tiendes a ser muy consciente de lo que te rodea. Tu don es tu fuerte intuición, que te ayuda a entender y guiar a los demás.

Número del Día de Nacimiento 12

Se dice que el Número del Día de Nacimiento 12 otorga dones de creatividad e imaginación. Si tu número del día de nacimiento es el 10, tienes una gran capacidad de expresión. Eres una persona única que brilla con luz propia y que inspira a los demás.

Número del Día de Nacimiento 13

Si tu Número de Día de Nacimiento es el 13, eres un gran trabajador. Tu don es una forma optimista y a la vez práctica de ver el mundo, que te ayuda a mantenerte en el camino para alcanzar tus altos ideales.

Número del Día de Nacimiento 14

Los que tienen un 14 como Número del Día del Nacimiento son personas de mente muy abierta a las que les gusta probar cosas nuevas. Sin embargo, si este es tu Número del Día del Nacimiento, también estás bendecido con la practicidad. Tu pragmatismo te ayudará a llegar lejos.

Número del Día de Nacimiento 15

Si tu Número de Día de Nacimiento es el 15, tienes una profunda capacidad para amar a los demás. Eres curioso y una mariposa social. Conocerás a muchas personas diferentes en tu vida, a todas las cuales tocarás con tu don de la calidez.

Número del Día de Nacimiento 16

Si el 16 es tu Número del Día de Nacimiento, eres un alma muy inquisitiva, siempre decidida a llegar a la verdad. Tienes una extraña habilidad para leer la mente de los demás. Si tu Número del Día del Nacimiento es el 16, tu regalo al mundo es tu sabiduría.

Número del Día de Nacimiento 17

Si tu Número del Día de Nacimiento es el 17, eres una persona emprendedora que prefiere trabajar sola, y logras cosas increíbles cuando se te deja a tu aire. Tu independencia y ambición son tus dones que te ayudan a construir las habilidades que obtendrás en la vida.

Número del Día de Nacimiento 18

Si tu Número del Día del Nacimiento es el 18, eres una persona de corazón abierto que quiere hacer el bien al mundo. Puede que seas tímido y prefieras mantenerte independiente, pero tu verdadero regalo para el mundo es tu capacidad de servicio a los demás. Con un número de nacimiento 18, estás destinado a dejar el mundo mejor de lo que lo encontraste.

Número del Día de Nacimiento 19

Aquellos que tienen un 19 como número del día de nacimiento, son muy independientes y autosuficientes. Si este es tu Número del Día del Nacimiento, eres una persona valiente y arriesgada que aporta grandes cosas a tu vida. Tu don es tu gran nivel de capacidad.

Número del Día de Nacimiento 20

Si tu Número del Día del Nacimiento es el 20, tu don es que te relacionas con otras personas a un nivel profundo, casi cósmico. Tienes la habilidad de hacer que las relaciones sean armoniosas y cooperativas cuando estás involucrado.

Número del Día de Nacimiento 21

Si tu Número del Día del Nacimiento es el 21, eres una persona extrovertida que prospera en situaciones sociales. Con este Número del Día del Nacimiento, te sientes realizado cuando conectas con los demás. Tu don es tu encanto natural, que junto con tus habilidades comunicativas te convierten en una persona excelente para conocer.

Número del Día de Nacimiento 22

Si has nacido el día 22 del mes, tu Número del Día de Nacimiento es el Número Maestro 22. Los que tienen un 22 como Número del Día de Nacimiento están destinados a hacer algo grande. Si este es tu Número del Día de Nacimiento, eres un gran trabajador y te llevas bien con los demás en un equipo.

Número del Día de Nacimiento 23

Se dice que los que tienen un Número del Día de Nacimiento 23 tienen un gran entusiasmo por la vida. Si este es tu Número del Día del Nacimiento, te encanta explorar y experimentar cosas nuevas. Tienes un carácter despreocupado y tu regalo para los demás es tu optimismo inspirador.

Número del Día de Nacimiento 24

Si tu Número del Día de Nacimiento es el 24, tienes un corazón de oro. Tu regalo al mundo es tu corazón leal. Las personas con este Número del Día de Nacimiento son cuidadoras y proveedoras y son muy buenas para mantener relaciones sanas y equilibradas.

Número del Día de Nacimiento 25

Las personas con un Número del Día de Nacimiento 25 son individuos muy curiosos que asimilan y procesan mucha información, tanto consciente como inconscientemente. Si este es tu Número del Día del Nacimiento, tu regalo al mundo es tu deseo de conocimiento, que te permitirá servir a los demás y te llevará a grandes lugares.

Número del Día de Nacimiento 26

Se dice que el Número del Día de Nacimiento 26 imparte un fuerte impulso hacia el éxito, sin embargo, si este es tu Número del Día de Nacimiento, te sentirás más realizado cuando tu trabajo beneficie a otros y no solo a ti mismo. Tienes un don intuitivo para entender lo que quieren los demás, por lo que eres capaz de resolver problemas y satisfacer necesidades aparentemente sin esfuerzo.

Número del Día de Nacimiento 27

Las personas con un número del día de nacimiento 27 son muy abiertas de mente, compasivas y tolerantes con los demás. Si este es tu Número del Día de Nacimiento, tienes el don de asimilar grandes cantidades de conocimiento, que estás destinado a aplicar hacia un bien superior.

Número del Día de Nacimiento 28

Si tu Número del Día del Nacimiento es el 28, entiendes el valor de trabajar con otros y eres un gran miembro del equipo y líder. Tu don en la vida es tu capacidad para impulsar a tu equipo y hacer que tenga éxito. Con este número de cumpleaños, estás destinado a ser un líder compasivo.

Número del Día de Nacimiento 29

Si tu Número del Día del Nacimiento es el 29, tienes el don de unirlo todo. Tu poderosa intuición te aporta una visión subconsciente que te permite ver, con claridad, la conectividad entre todos y todo.

Número del Día de Nacimiento 30

Si tu Número del Día de Nacimiento es el 30, eres un pensador original con ideas innovadoras. Tu regalo al mundo es tu creatividad, que utilizas para transmitir tus grandes ideas. Con un número de nacimiento 30, estás destinado a elevar a los demás.

Número del Día de Nacimiento 31

Los que tienen el 31 como Número del Día de Nacimiento tienen un enfoque equilibrado de la vida, mezclando la imaginación a partes iguales con la practicidad. Si este es tu Número del Día del Nacimiento, tu doble don es la creatividad y la capacidad de organización necesaria para manifestar tus sueños.

Palabras Finales

Ahora, hemos quitado el velo de misterio que rodea a la frecuencia vibratoria de los números. Ahora sabes lo que significa cada número común y cómo calcular todos tus Números Núcleo. Estás en camino de crear tu propia carta numerológica.

Sigue estudiando y busca recursos adicionales para ampliar y profundizar tu comprensión de la numerología y cómo se relaciona con tu vida. Un conocimiento más profundo de quién eres como persona y de lo que puedes esperar de la vida te está esperando para que lo descubras.